L b $\frac{46}{60}$

(Par le Dr de Montègre,
d'après Barbier.)

EXAMEN RAPIDE

DU GOUVERNEMENT

DES BOURBONS EN FRANCE,

Depuis le mois d'avril 1814
JUSQU'AU MOIS DE MARS 1815.

Sine irâ et studio.

A PARIS,

Chez L. COLAS, Imprimeur-Libraire, rue du Petit-Lion-
Saint-Sulpice, en face de la rue Garencière;
Et chez DELAUNAY, Libraire, Palais-Royal, galerie de Bois.

1815.

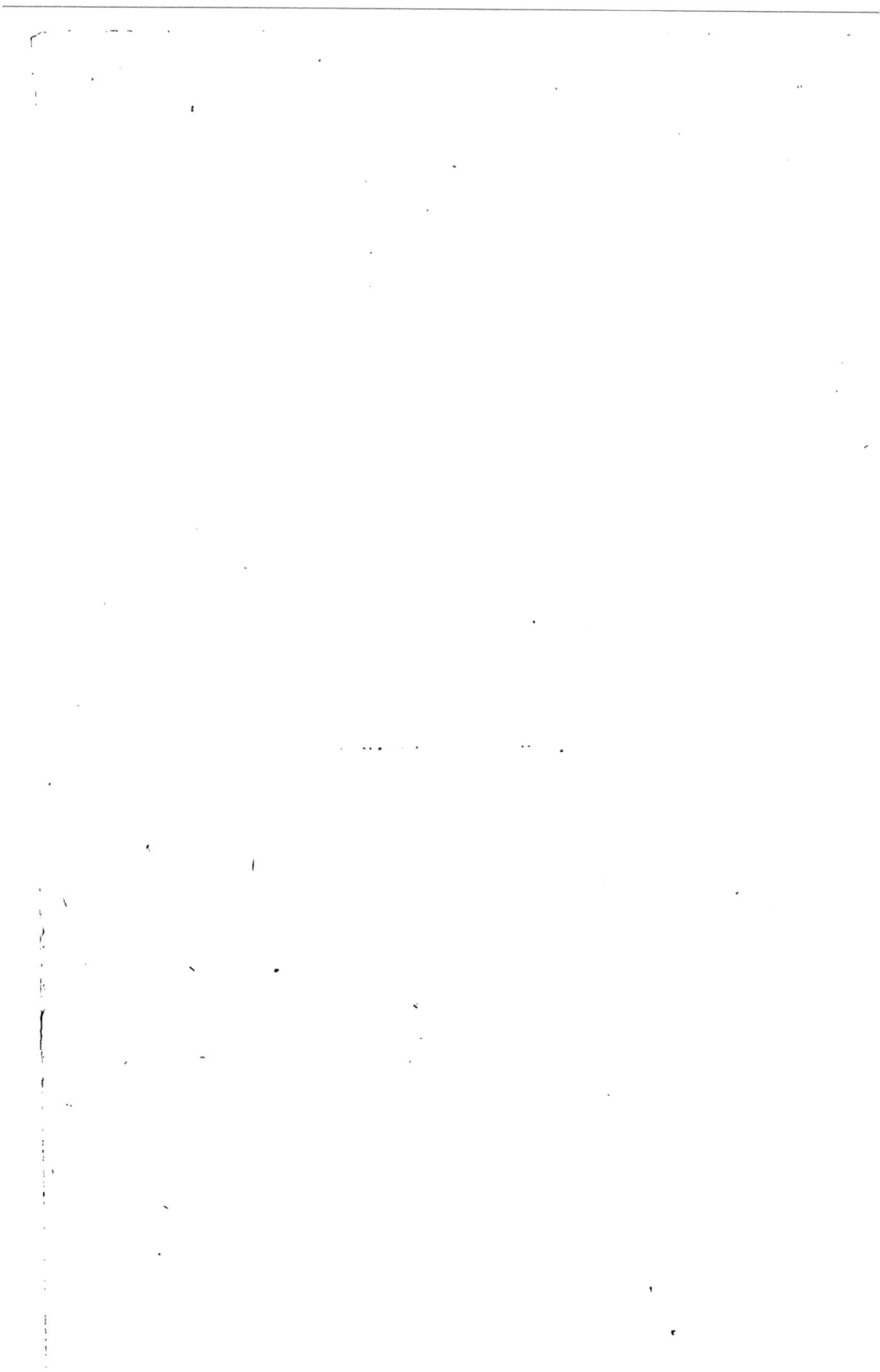

AVERTISSEMENT.

Cet écrit, commencé le 10 mars 1815, a été terminé le 20, le soir même où Napoléon, entrant à Paris, a couronné son entreprise.

Vingt jours ont suffi pour prouver au Monde entier que les Bourbons avaient définitivement cessé de régner sur la France, par la volonté des Français; car personne, je crois, ne pensera qu'un millier d'hommes débarqués sur notre territoire en ont fait ainsi la conquête, malgré les efforts de la nation. Et que l'on n'aille point com-

parer cette révolution à celles qu'opé-
raient à Rome les gardes prétoriennes :
l'armée chez nous est toute nationale ;
elle est formée de nos frères, de nos
enfans, de Français enfin, qui n'ont
point en masse d'autres intérêts que
ceux de la patrie : et ces braves fils de
la France l'ont traversée toute entière,
leurs armes enveloppées dans leurs
mouchoirs, et leurs gibernes vides de
munitions de guerre : partout ils ont
été reçus avec des acclamations et des
cris d'espérance : nulle part ils n'ont eu
de résistance à vaincre, malgré les efforts d'un gouvernement expirant, qui
n'a rien négligé pour allumer la guerre
des Français contre les Français : cependant, la France entière était en armes ; et qui doute qu'elle sache en faire
usage ? La nation peut donc encore

s'honorer de cette révolution, car elle l'a voulue dans sa force. Si les Bourbons avaient su inspirer la confiance, ils ne seraient point tombés du trône. Si Bonaparte ne nous eût présenté de grandes espérances, il eût à peine fait cent pas sur notre territoire. C'est donc de Bonaparte instruit par le malheur qu'il nous faut attendre aujourd'hui notre félicité. Et par un bonheur singulier de notre destinée, tout ce qui peut commander l'admiration et l'enthousiasme se réunit dans sa personne à tout ce qui peut fonder notre espoir.

INTRODUCTION.

DE quels événemens étranges nous sommes les témoins, les agens ou les victimes! Un an bientôt passé, la famille des Bourbons sort tout à coup de l'exil où la nation française l'avait condamnée : elle est appelée et reçue avec des acclamations qui n'éprouvent pas de contradiction.

En même temps Bonaparte, tombé tout à coup du faîte de la grandeur, reste seul et sans défense, condamné à languir prisonnier dans une petite île de la Méditerranée.

Aujourd'hui la même époque de l'année ramène un spectacle tout contraire : Bonaparte a débarqué presque seul sur le territoire français; un grand nombre de militaires se sont ralliés à lui : le peuple s'émeut, et les Bourbons effrayés sentent le trône chanceler sous leurs pieds.

Pourquoi ces hommes, qui paraissaient si forts l'année passée, sont-ils tout à coup devenus si faibles? Et comment celui qu'on avait abandonné dans le temps de sa toute-puissance, a-t-il eu le crédit de se faire de nombreux partisans, et d'épouvanter la famille établie et reconnue par la nation? Quel résultat peut avoir cette lutte d'un homme seul contre un gouvernement entier? C'est à l'examen de ces grandes questions où se rattache tout ce que la morale et la politique ont de plus noble et de plus élevé, que je veux consacrer cet écrit destiné à mon instruction personnelle, et dans la composition duquel je trouverai la seule distraction que me permette le spectacle des maux prêts à fondre sur ma malheureuse patrie.

Le 10 mars 1815.

EXAMEN RAPIDE

DU GOUVERNEMENT

DES BOURBONS EN FRANCE

DU 1er AVRIL 1814 AU 20 MARS 1815.

> Non ante revellar
> Exahimem quàm te complectar Roma, tuumque
> Nomen libertas, et inanem prosequar umbram.
>
> *(Pharsal.* l. II, v. 3o1 et seq.)

La révolution française, née au milieu des
orages, a poursuivi sa marche à travers tous
les obstacles. Commencée par un peuple qui
sentait ses véritables intérêts, mais ignorait
encore les moyens de les réaliser, elle n'a pu
être arrêtée par les efforts réunis de la cour,
de la noblesse et du clergé : de la cour,
qu'environnait alors une ancienne habitude de respect et de vénération : de la noblesse, qui tenait en ses mains toute l'autorité, et seule paraissait en armes pour la
défense de ses antiques priviléges : du clergé,

qui parlait au nom de Dieu et pouvait rallier à sa cause une foule immense d'ignorans et de fanatiques. Toutes ces barrières ont été renversées : mais devenu furieux par la résistance, le peuple s'est baigné dans le sang, le trône s'est écroulé; un monarque irrésolu et faible a porté sa tête sur l'échafaud ; la noblesse est devenue en horreur à la nation; poursuivie en tous lieux, elle a péri, ou s'est vue contrainte à fuir : le clergé dispersé a partagé tous ces désastres : rien n'a été respecté. En vain l'Europe entière s'est armée contre nous; la France s'est levée ; les armées étrangères ont été repoussées ou détruites : des complots se sont formés au-dedans, et le peuple a préféré le règne horrible des échafauds à la perte de ce qu'il avait conquis. Toutes les formes de gouvernement se sont succédées, et dès qu'elles ont cessé de présenter à la nation l'espérance de ces biens tant désirés , ces gouvernemens se sont écroulés ; la nation a applaudi à ceux qui les renversaient. Pour comble de disgrâces le nord entier fait irruption dans nos foyers : l'indignation devait soulever tous les enfans de cette fière patrie : non, la guerre ne de-

vient point générale, à peine les maux par-
ticuliers peuvent-ils porter les citoyens à y
prendre part : des traîtres se trouvent dans
nos armées, et la masse de la nation, voyant
dans cette invasion la chute d'un gouvernement oppresseur, cesse de se défendre. L'envahissement lui paraît moins affreux que la
perte de ses espérances : nous reprendrons
notre liberté, dit - elle, lorsque le joug sera
brisé et que nous n'aurons plus à compter
qu'avec nos ennemis naturels ; et toute fré-
missante elle voit des étrangers envahir son
territoire sacré. Hésitant encore, les ennemis peuvent à peine croire à leurs propres
succès : cependant Bonaparte, qui d'abord
avait été l'espérance de la nation, est repoussé par elle pour avoir voulu détruire la
révolution qu'elle avait faite : et la France
accueille la famille des Bourbons, qu'elle
avait décimée, proscrite et rejetée : elle l'accueille cette famille, parce que les Français,
nobles et généreux, plaignent des malheurs
qu'ils ont causés et voudraient les réparer :
mais surtout parce que, confians et cré-
dules, ils pensent que les Bourbons, instruits
par vingt-cinq ans de malheurs, seront di-

gnes du trône que leur présente la nation, et voudront lui conserver les fruits d'une ré-volution opérée par tant de sacrifices dou-loureux.

Mais quels sont donc ces fruits d'un si grand prix, que la nation n'ait hésité sur aucun sacrifice pour les obtenir? en voici la récapitulation abrégée :

1°. La liberté politique, ou le droit d'être représenté par des députés du choix de la nation, en état de discuter ses intérêts, et chargés de faire ou de consentir ses lois ;

2°. La liberté individuelle, ou la garan-tie que nul ne peut être inquiété ou pour-suivi que pour des délits, et suivant des formes déterminées par les lois ;

3°. L'égalité des citoyens aux yeux de la loi, et le droit égal pour tous, en propor-tion seulement de leurs talens, d'arriver à toutes les dignités civiles et militaires ;

4°. La destruction de tous les droits féo-daux et d'assujettissement personnel ;

5°. Le droit d'être jugé, dans les accusa-tions criminelles, par ses pairs, c'est-à-dire, par un jury composé de citoyens choisis dans la société ordinaire ;

6º. L'indépendance absolue de l'ordre judiciaire, de toute action du pouvoir; ce qui suppose l'inamovibilité des juges, ou leur nomination par le peuple;

7º. Le droit de voter soi-même ses impôts par l'organe des représentans, et la répartition générale des contributions en proportion des fortunes, sans distinction de classes ou d'individus;

8º. Le droit à chacun d'exercer en liberté son industrie lorsqu'il ne porte aucune atteinte aux droits des autres citoyens;

9º. Le droit d'émettre librement sa pensée dans un écrit publié, sous la seule garantie des cas prévus et bien déterminés par les lois;

10º. Le droit à chacun de suivre en paix le culte qui lui convient; ce qui suppose la liberté de n'en suivre aucun publiquement.

Tels sont les principaux fruits attendus de cette révolution, entreprise au milieu de tant d'obstacles, poursuivie à travers tant de sacrifices; et pense-t-on que le peuple, qui les désira si ardemment sans les connaître autrement que de nom, puisse y renoncer maintenant qu'il les a connus, qu'il en a savouré les douceurs, qu'il s'est acccoutumé à l'idée de ne point les perdre ; maintenant qu'il a dissipé ceux qui s'opposaient à lui, et qu'il a détruit leur pouvoir ? croit-on que ce torrent, qui n'a pu être enchaîné à sa naissance, sera repoussé vers sa source, aujourd'hui qu'il forme un fleuve immense, grossi de tant de débris ? Ah ! de nouveaux et funestes exemples viennent nous apprendre combien sont vains tous ces efforts, et que rien ne saurait arrêter le cours des événemens commandés par les vœux de la nation et dirigés par l'esprit du siècle.

Bonaparte est tombé du faîte de la puissance pour avoir perdu la confiance de la nation, moins par suite de grands revers militaires, que l'on eût pu réparer, que parce que la nation, dont les droits n'avaient pas été respectés, a dû craindre qu'il ne lui fît perdre les fruits de sa pénible révolution.

Ses guerres ; le succès ne les justifiait plus, parce que l'on n'en connaissait, ni le but, ni le terme, tandis qu'une communication franche de ses motifs eût pu les rendre nationales. Le besoin d'humilier et d'abaisser l'Angleterre, aurait été senti par tous les bons Français, et nul sacrifice, imposé dans cette vue, n'aurait paru trop pénible ; mais Bonaparte, en s'emparant du pouvoir absolu, avait trop fait éclater le projet de tout rapporter à sa personne.

Un des premiers actes de son pouvoir avait été de rétablir une noblesse héréditaire ; institution odieuse à la majorité, qu'elle avilit, et qui ne peut avoir d'autorité que dans des siècles d'ignorance où les hommes se croient réciproquement d'un sang différent. Quel parti donc a-t-il tiré de sa noblesse ? la noblesse avait-elle sauvé Louis XVI? la noblesse l'a-t-elle défendu, lui-même? est-ce la noblesse qui a ramené les Bourbons sur le trône? la noblesse, aujourd'hui, sait-elle les défendre? non, la France désavoue cette honteuse distinction; l'intérêt du souverain ne la désavoue pas moins : tous ceux qui servent leur pays, quelles que soient leurs fonctions, sont également nobles, lorsque leurs efforts sont également dirigés vers le bien : que tous les citoyens soient seulement enfans de leurs actions; que toute distinction, de privilége pour les uns, de flétrissure pour l'immense majorité des autres, cesse à l'instant même :

tous les Français aiment leur pays, et tous
aimeront le Souverain qui rendra la paix et
le bonheur à leur patrie : tous verseront leur
sang pour sa défense, quand ils verront leurs
intérêts confondus avec les siens.

Bonaparte a bien mieux encore méconnu
les intérêts, et par conséquent le vœu de la
nation, lorsqu'il a rendu aux prêtres leur influence politique ; éternellement l'ordre sacerdotal tel qu'il existe aura des intérêts contraires à ceux de la patrie : cette nation isolée
au milieu de la société commune, dans laquelle personne ne naît et qui néanmoins se
multiplie sans cesse, a toujours le même esprit
d'envahissement : constamment elle poursuit
ses desseins, et la persévérance lui fait enfin
trouver l'instant favorable pour les réaliser.
Par quelle inconcevable contradiction, le
culte dominant en France, reconnaît-il pour
chef un prince étranger auquel chaque membre de l'ordre sacerdotal a juré amour et
obéissance ? quel appui Bonaparte a-t-il
trouvé dans le clergé catholique ? Ses exhor-
tations ont-elles fait marcher nos armées ?
Ses leçons ont-elles enseigné la morale aux
classes ignorantes ? Non, le clergé a voulu

arrêter la marche du siècle : au lieu de consolider les institutions demandées par la nation, le clergé les a décriées; il a résisté violemment; il a irrité les hommes emportés; et, suivant son esprit, il s'est honoré des persécutions qu'il avait attirées sur sa tête. En refusant avec obstination de suivre les progrès de l'esprit humain, les prêtres ont perdu tout crédit sur l'opinion; ils n'ont pu comprendre que s'ils étaient autrefois dans la société la source des lumières, ils devaient maintenant en recevoir de classes plus éclairées. Le seul pouvoir qui leur reste, est celui de la morale et des vertus paternelles. Quel fruit a retiré Bonaparte de sa consécration par le pape? Est-il une classe du peuple aux yeux de laquelle son autorité en soit devenue plus sacrée? Cependant la portion éclairée de la nation, la seule dont le suffrage puisse avoir quelque prix, ne s'est-elle pas indignée de voir que son choix eût besoin d'une autre sanction; que sa volonté dût être légitimée par les onctions d'un pontife romain?

Bonaparte! la volonté de la nation qui voyait en toi l'instrument de son bonheur, rendait ton pouvoir légitime ; il l'aurait été pour ta race , tant qu'elle serait restée fidèle à ses sermens ; si elle y manquait , le despotisme était impuissant à la sauver ; tu l'as éprouvé.

Mais cessons de revenir sur les causes qui ont amené la chute de Bonaparte ; elles sont toutes contenues dans ce peu de mots : il a oublié la révolution , et n'a plus songé que la nation ne consentirait jamais à en perdre les fruits.

~~~~~~~~~~~~~~

DES BOURBONS;

Et de l'état de la France à leur arrivée.

A LA fin de mars 1814, la France était ac-
cablée de malheurs, son territoire envahi,
sa capitale aux mains des ennemis, son gouvernement entièrement désorganisé. La nation ne conservait aucun souvenir favorable
aux Bourbons, et sans doute les alliés même
ne songeaient point encore à eux. Cependant quelques-uns de leurs partisans les
nomment; le peuple inquiet demeure sans
mouvement; bientôt l'empereur de Russie,
entraîné, déclare solennellement qu'il ne
traitera jamais avec Bonaparte, ni personne
de sa famille, et qu'il est prêt à reconnaître
la forme de gouvernement que se donneront
les Français. Le sénat assemblé déclare Napoléon déchu du trône, lui-même se ré-
signe, il abdique, et les Bourbons sont rap-
pelés.

La nation, qui manquait de point de ralliement, suit l'impulsion donnée par le sé-

nat : elle se plaît à croire , dans la nécessité
où elle se trouve d'accueillir les Bourbons,
qu'éclairés par vingt-cinq ans de malheurs,
ils se prêteront aux changemens qu'elle a
voulus; que nourris long-temps chez le peuple le plus libre de l'Europe, ils auront senti
les avantages de l'équilibre des pouvoirs;
qu'ils voudront enfin consacrer la révolution. A ces pensées se mêlaient ce grand intérêt que l'on porte au malheur , intérêt si
puissant sur des Français; et malheureuse-
ment aussi les restes d'une adoration super-
stitieuse , conservée au fond du cœur de
quelques vieux serviteurs. Les bruits qu'ils
répandaient de la sagesse personnelle du roi,
de la bonté de toute sa famille, trouvèrent
créance dans la nation : le roi , disaient-ils ,
a appris tout ce qui peut vous rendre heureux, il a oublié tous les maux qu'il a souf-
ferts. Hélas! dans un exil de vingt-cinq ans ,
*les Bourbons n'avaient rien appris, comme
ils n'avaient rien oublié.*

Subitement replacés à la tête d'une nation fière et remuante, dont les préjugés,
les coutumes, les mœurs, ont entièrement
changé depuis vingt-cinq ans, les Bour-

bons ont cru remonter sur un trône dont
ils seraient descendus la veille : ils n'ont pas
senti tout ce qu'ils devaient de ménagemens
à la volonté générale, et surtout à l'esprit
national, formé dans toute la France par
de longs et pénibles travaux, auxquels
ont pris part toutes les classes de citoyens,
et qui pour nous remplace maintenant ce
point d'honneur, antique lien des corpora-
tions, des ordres, des coteries, dont le souvenir est détruit. Quelques vieux amis, auxquels il ne reste plus rien de vivant que le
cœur, un plus grand nombre de serviteurs
intéressés, qui comptent sur le retour de
priviléges qu'ils ont perdus, forment autour
du souverain une ligne épaisse qui lui cache
le reste de la nation ; et tous ensemble l'ont
entraîné dans des fautes qui lui ont aliéné
les Français. Je vais faire la récapitulation
des principales de ces fautes.

~~~~~~~~~~~~~~

PREMIÈRE FAUTE.

Abolition des couleurs nationales.

Les couleurs que la France a portées avec tant de gloire, que nos armées ont rendues si respectables au monde entier, ont été tout à coup avilies et proscrites. Ce signe de ralliement de tant de héros, celui dont la nation tant de fois s'est parée, qu'elle a consacré par tant d'années de triomphe, est subitement remplacé par la cocarde blanche, qui depuis vingt-cinq ans est celle du parti ennemi, et ne rappelle en France que des idées de haine et de désastres? Est-il un homme assez ignorant du cœur humain, pour croire que cette injure n'a pas été sentie? que nos armées n'ont pas donné des regrets à ces signes de leurs victoires, tant de fois arrosés de leur sang? Avec quelle indignation n'ont-elles pas vu leurs redoutables drapeaux tricolores remplacés par ces pavillons blancs qu'elles n'avaient aperçus que dans les rangs ennemis, et qui partout s'étaient abaissés à leur approche ? Qu'elle eût été facile cette concession du roi, à la nation qui lui tendait les bras ! Qu'elle eût produit d'heureux effets ! Rien, alors, n'annonçait le triomphe des émigrés sur la France : c'était le roi qui entrait dans la nation et complétait une révolution que la nation a voulue, puisqu'elle l'a faite, et dont rien ne peut la détourner. Quelques vieux enfans ont nui au roi pour flatter leur puéril amour-propre. Bonaparte, aujourd'hui, n'a point de couleur nouvelle à montrer ; quel soldat ne sentira palpiter son cœur à l'aspect des drapeaux sous lesquels il marcha si long-temps à la victoire, après avoir prêté son premier serment à l'honneur et à la patrie ?

~~~~~~~~~~~~~~~

DEUXIÈME FAUTE.

Toutes nos places fortes livrées à l'ennemi.

Mais si la substitution du pavillon blanc aux couleurs nationales, était une injure aux Français, le premier acte du pouvoir de Monsieur, frère du roi, déclaré lieutenant général du royaume, dut leur paraître une trahison insigne, ou la conclusion d'un marché par lequel les Bourbons auraient acquis la France au prix de sa gloire, de son honneur et de sa sûreté. Un ordre, rendu public par toutes les voies possibles, fut donné à tous les commandans de places fortes de remettre, sans délai, aux troupes alliées, ces fortifications qu'ils avaient si vaillamment défendues ; et les places furent rendues ; et la nation se dit, en regardant l'héritier présomptif de la couronne : Quel est donc ce prince inconsidéré qui ne rentre chez nous que pour achever de nous perdre ; qui s'en remet de tout notre sort à nos ennemis en armes, et ne nous conserve aucun des avantages par lesquels nous eussions pu obtenir des conditions plus favorables ? Et la Belgique , depuis long-temps partie intégrante de notre territoire , fut occupée par des troupes ennemies ; et le traité par lequel cette portion de la France devait en être retranchée , fut ainsi rendu nécessaire ; et cette première grande plaie à l'honneur national, fut sanglante et profonde.

TROISIÈME FAUTE.

Déclaration royale.

CEPENDANT le roi, présenté à la nation comme un modèle de sagesse, est appelé par tous les vœux ; mais il est précédé par des proclamations ambiguës, dont les termes sont de nature à alarmer les personnes qui ont pris part à la révolution , c'est-à-dire la nation entière, et particulièrement les acquéreurs de biens nationaux ; comme ils sont propres à ranimer dans le cœur des hommes qui ont souffert, des espérances contraires au vœu de la majorité.

La France attend un pacte constitution-
nel, sorte de traité solennel et irrévocable
entre la nation et le roi qu'elle appelle : elle
n'en reçoit qu'une *déclaration royale*, obli-
gatoire, au plus, pour le roi qui l'a donnée;
simplement *octroyée* par un acte *de sa
volonté et de son autorité royale ;* et malgré
les sophismes de quelques écrivains, la nation ne peut voir dans cet acte autre chose
qu'un règlement transitoire auquel man-
quent les formes même d'une loi ordinaire,
de nature à être modifié ou révoqué, par le
successeur du roi, en supposant que S. M.
actuellement régnante se trouve engagée à
en faire la règle constante de sa conduite.

Les inquiétudes que conçoit la nation de
voir une simple ordonnance royale substi-
tuée à ce qui devait être présenté par les représentans et accepté par le roi, sont encore
accrues par les dispositions dans lesquelles
cette ordonnance est rendue; elle est signée
*Louis XVIII, par la grâce de Dieu, roi
de France et de Navarre,* et datée *de la
dix-neuvième année de notre règne.*

Cette formule était nécessaire, disent
quelques écrivains, pour constater l'hérédité

non interrompue , et pour consacrer ce principe sans lequel la famille des Bourbons n'aurait pas de garantie : mais de l'application que l'on fait ici de ce principe , découlent certainement des inconvéniens plus grands que les avantages qu'on en attendait.

Croit-on possible de faire entendre à la masse éclairée d'une nation que la propriété de son gouvernement est irrévocablement , et sans la participation de sa volonté , dévolue à une famille , comme serait la propriété d'un bien immeuble ou d'un objet mobilier? La chose ne me semble pas plus facile que de l'amener à croire qu'une nation est en tout comparable à un troupeau , nourri et entretenu pour l'avantage de ses maîtres, qui seuls ont droit d'en disposer.

Les questions de la nature de celle-ci , ne peuvent être jugées que par les faits : or, il n'est pas douteux, d'après des exemples mille fois répétés, que lorsqu'un peuple , même en conservant la forme de son gouvernement, veut changer la famille qui le régit , rien ne saurait l'en empêcher.

Nous ne vivons plus au temps où le souvenir des âges anciens et l'obscurité qui les

enveloppe , prêtent à ce principe un appui
suffisant : vingt - cinq ans d'habitude de
raisonnement et d'indépendance d'opinion ,
ont achevé de lui faire perdre tout crédit.
Rien ne peut aujourd'hui consacrer l'autorité héréditaire et par conséquent légitime
dans une famille , que la volonté de la nation librement énoncée. Ce n'est point ici le
lieu de discuter les avantages ou les inconvéniens de cet état des esprits , il suffit à mon
but que l'on soit forcé de convenir que j'en
rappelle le véritable tableau.

Il suit de là que ce n'est point sur les anciens principes de la monarchie qu'il conve-
nait d'établir la nouvelle, et que les avantages que l'on voulait retirer des formes
adoptées dans l'ordonnance du roi, étaient
illusoires, puisque ces formes ne pouvaient
conserver de l'autorité que sur un très-petit
nombre de personnes , dont les opinions ne
sont plus en harmonie avec celles de la masse générale.

Mais les inconvéniens qui résultaient de
supposer ainsi un règne antérieur de vingt
années , étaient nombreux et très-grands. Si
Louis XVIII était roi , tout ce qui s'était

passé en France , devenait l'ouvrage de la rébellion et du crime. Étions-nous criminels , se demandent nos héros, quand nous versions notre sang pour la patrie , quand nous repoussions de nos foyers l'Europe entière ameutée contre nous , quand nous élevions la gloire du nom français au-dessus de toute autre gloire? Nous étions des rebelles, se disent tous les citoyens , quand nous avons prodigué nos soins et nos travaux au pays qui nous a vus naître, quand nous avons concouru à l'édifice de ces lois que demandait un peuple lassé d'agitations , quand nous avons fatigué notre intelligence à perfectionner son industrie , à adoucir ses mœurs , à étendre ses connaissances? Et , nous disent encore toutes les puissances étrangères, nous avons reconnu des rebelles , nous avons fait alliance avec des gouvernemens usurpateurs et iniques , nous leur avons prêté des secours , nous en avons reçus : la maison de Bourbon vient, aujourd'hui, de nous déclarer auteurs ou complices de tous ces crimes. Et peut-on penser que les divers ordres de citoyens ont consenti , dans le fond du cœur, à l'admission d'un

principe qui changeait en iniquités , ce qui
devait faire leurs plus beaux titres de gloire?
et pense-t-on que l'inquiétude ne soit pas en-
trée dans tous les cœurs? et qu'en entendant
proclamer un pardon outrageant pour des
actions qui ne méritaient que des louanges ,
on n'ait pas soupçonné , derrière cette in-
sulte , le projet de revenir à la vengeance ,
lorsque les temps seraient plus favorables?
Nous verrons , plus loin , combien d'autres
sujets de crainte sont venus renforcer ces
premiers.

La formule, roi par la *grâce de Dieu*, pouvait sembler dérisoire pour un roi que cette
grâce laissait exilé depuis vingt ans; enfin l'af-
fectation de s'appeler roi de France et de
Navarre , en montrant l'attachement aux
plus petits usages du temps passé , inspirait
des craintes pour des objets plus importans.

Mais pourquoi, s'est encore demandé la
nation , les princes de la famille royale , les
successeurs immédiats du trône , n'ont-ils
pris aucune part à cette déclaration qui
doit faire la loi fondamentale du royaume?
Aucun acte n'a pu faire penser qu'ils s'y
croient engagés , et tout , au contraire ,

5estation contre la charte, protestation qu'un
fin, dans la solennité d'une séance royale,
Monsieur a juré fidélité et attachement à la
charte constitutionnelle : mais ce serment
tardif a perdu tout son effet, et n'a pu paraître qu'un sacrifice à la peur.

~~~~~~~~~~~~

QUATRIÈME FAUTE.

Plaie profonde à l'honneur national. Le roi déclare. devoir sa couronne aux Anglais.

Loin de songer à faire oublier qu'il arrive à la faveur des armées ennemies, maîtresses de notre capitale, le roi rend publique cette déclaration qui, pour la nation française, est la plus cruelle des injures.

Je reconnais qu'après Dieu, c'est au prince régent que je dois ma couronne : horribles paroles! gravées trop profondément dans le cœur de tous les Français, et qu'il est inutile de commenter.

~~~~~~~~~~~~

~~~~~~~~~~~~~~~~

CINQUIÈME FAUTE.

On expulse du sénat des hommes purs et courageux, on les remplace par des hommes armés depuis vingt ans contre nous ; on conserve les valets et les flatteurs les plus vils.

LA chambre de pairs est instituée, et les membres en sont nommés par le roi : mais on voit avec peine que, parmi les membres du sénat, on exclut seulement des hommes courageux ou recommandables, dont plusieurs se sont signalés par une opposition constante aux actes arbitraires. Aucun des vils courtisans qui s'épuisaient en bassesses pour légitimer tous les actes du despotisme n'est repoussé de cette grande magistrature ; et tout le monde a la preuve que les motifs d'une aversion particulière à la famille régnante, seront à l'avenir la première cause de ses déterminations ; et tel est déjà le premier exemple donné de la fidélité à tenir la parole *d'oublier le passé.*

~~~~~~~~~~~~~~

SIXIÈME FAUTE.

Traité de paix humiliant, défaut d'énergie.

L<small>A</small> France, cependant, attend avec inquiétude quelles seront les conditions du traité de paix entre les puissances alliées et le roi. Des journalistes à gages insultent chaque jour à la nation et au bon sens, en s'efforçant de nous démontrer qu'il est avantageux pour nous de voir notre territoire réduit; que des limites naturelles n'auraient pour la France aucun avantage : et les craintes qu'ils nous inspirent ne sont que trop justifiées, quand on apprend que la Belgique, si bien incorporée à la France, et dont la possession nous avait été assurée par tant de traités, nous est définitivement enlevée, soit par suite de la faiblesse du roi, soit parce que la position où Monsieur nous a placés en livrant à l'ennemi toutes nos forteresses, ne permet pas au souverain de déployer une énergie que la nation eût déjà soutenue.

L'Angleterre, il est vrai, nous rend une portion de Saint-Domingue, la Guadeloupe, la Martinique; mais elle garde l'île de Malte, qui, avec Gibraltar, la rend maîtresse de la Méditerranée; mais elle garde encore l'Isle-de-France, la clef des Grandes Indes, avec Tabago, Sainte-Lucie, Rodrigue et les Séchelles; mais il faudrait, pour avoir Saint-Domingue, la conquérir de nouveau, ou plutôt en exterminer la population toute entière; mais les conditions les plus humiliantes sont imposées à notre marine, et tous les journaux nous apprennent qu'il ne nous est permis d'avoir que treize vaisseaux, assujétissement dont la honte passe toute expression; mais, en cédant à l'ennemi les immenses travaux exécutés dans le port d'Anvers, on accorde encore aux Anglais le partage de tous les objets d'armement ou de construction maritime qui se trouvent dans ce grand entrepôt; et cette faute, suite inévitable d'une autre dont j'ai déjà parlé, est nécessairement imputée au roi, dont la nation ne peut connaître ni la position difficile, ni les intentions secrètes: car un malheur des gouvernemens qui n'inspirent pas la confiance, c'est que les infortunes même leur sont imputées à crime.

SEPTIÈME FAUTE.

Abolition promise des droits réunis et des impôts
vexatoires. Promesses non réalisées.

IL est des fautes du gouvernement dont
la nature est d'émouvoir jusqu'au plus pauvre
citoyen, de le mécontenter et de le disposer
au soulèvement; telle est celle que les Bourbons ont commise en ne réalisant pas la
promesse qu'ils avaient faite de diminuer
les contributions publiques, et surtout d'abo-
lir l'impôt odieux des droits réunis. La promesse sans doute en était imprudente et in-
considérée : les Bourbons ne l'ont accordée
que pour se faire des partisans ; mais ils ont
mal connu ce peuple qu'ils venaient gou-
verner. Ce n'était pas aux dernières classes
de la société qu'ils devaient s'adresser, et ce
sont ces classes surtout qui désiraient la sup-
pression de ce droit : c'était à la partie éclairée de la nation qu'il fallait tenir le langage
de la raison. Cette faute de leur part était
difficile à éviter dans les inquiétudes dont

ils étaient agités en entrant en France; mais
le respect religieux à leur parole devait être
leur loi la plus sacrée. La prolongation de
cet impôt odieux et vexatoire dont le peuple
avait compté se voir délivré a causé plusieurs séditions, et a détruit jusque dans
les classes inférieures la confiance aux promesses du monarque. On a encore ajouté au
mal en choisissant, pour diriger cette bran-
che de l'administration, un homme dur,
impitoyable, dont la conduite a ulcéré les
cœurs d'une foule d'employés qui perdaient
tout moyen d'existence, et sont devenus
les ennemis du nouveau gouvernement.

~~~~~~~~~~~~~~~

HUITIÈME FAUTE.

Suppression de la liberté de la presse.

S'il était un droit dont la nation fût jalouse pour en avoir été privée trop longtemps, s'il en était un dont la privation eût entraîné d'immenses malheurs, puisqu'on lui peut attribuer presque tous les excès où sont tombés nos divers gouvernemens depuis vingt-cinq ans, c'était celui de publier librement ses opinions dans un écrit dont l'auteur ou l'imprimeur resteraient toujours responsables aux yeux de la loi. Ce droit sacré avait été garanti par la charte ; et néanmoins un des premiers actes du gouvernement est d'en solliciter l'abolition. Des discussions s'établissent entre les membres des deux chambres, la cause est plaidée devant la nation ; on sait quelle part elle a prise à cet important procès : cependant les journaux, déjà soumis à la censure, deviennent une arène dans laquelle sont outrageusement insultés les députés courageux qui osent plai-

der la cause de la raison. Les ministres
usent de toutes lés ressources de leur esprit ;
tous les moyens sont mis en usage ; les défenseurs des droits du peuple démontrent
que la loi est anti-constitutionnelle, que le
texte positif de la charte doit empêcher toute
discussion sur cet objet : le ministre a recours
à des arguties grammaticales ; il entreprend de
démontrer à la France que les mots *réprimer*
et *prévenir* sont synonymes; enfin il l'em-
porte : il obtient ce malheureux triomphe ;
et désormais aucune absurdité, aucune in-
famie ne sortira de la plume tant souillée
des journalistes mercenaires qu'avec l'attache
de l'autorité et que légitimée par la sanction ministérielle. Dès lors il faut renoncer
à l'espoir de voir se former un véritable
esprit public ; dès lors les idées patriotiques,
celles qui donnaient de la consistance au
gouvernement en éclairant sa marche et
lui attirant la confiance générale, seront
étouffées par l'éteignoir d'un censeur à gages.
Presque toutes les fautes qu'il me reste à
indiquer sont le résultat déplorable de celle-
ci ; car c'est en vain qu'un petit nombre
d'hommes courageux ose se liguer pour par-

ler avec force et liberté : leurs écrits peu connus sont promptement décriés, et ne peuvent presque servir qu'à entretenir la défiance, et à montrer le précipice où l'on nous conduit sans pouvoir nous le faire éviter.

Un fait positif, quoiqu'il soit peu croyable, c'est que, malgré l'article de la loi sur la liberté de la presse, qui établit le droit des deux chambres de faire imprimer ce que bon leur semble, deux discours du comte Lanjuinais, l'un sur la responsabilité des ministres, l'autre sur les développemens de la proposition du maréchal Macdonald au sujet des dotations, ont été supprimés et saisis par la police, bien que la chambre des pairs en eût voté l'impression. Les réclamations du comte Lanjuinais contre cet acte arbitraire n'ont eu aucun effet.

~~~~~~~~~~~~

NEUVIÈME FAUTE.

Monument consacré aux émigrés morts à Quiberon.

C'est alors que les ennemis de la révolution peuvent en liberté faire à la nation le
sanglant outrage, de proposer en public un
monument pour consacrer la mémoire des
émigrés morts à Quiberon. Hélas! de tant
de Français morts aux champs de carnage,
n'avez-vous donc à regretter que cette poi-
gnée de malheureux armés contre leur patrie, périssant sous les coups de l'ennemi
perfide qui les apportait, autant que par la
vengeance nationale ? Que ne consacrez-
vous donc des monumens à ceux qui tombè-
rent leurs victimes ? Quoi ! les héros de
Fleurus, ceux qui versèrent leur sang à Ma-
rengo, sont moins sacrés que ceux qui, ra-
menés par les flottes anglaises, tentaient de
rendre à la France un gouvernement qu'elle
avait détruit ! Des fondations, des prières,
des cérémonies sont instituées pour célébrer
leur mémoire ; les autres, ils sont tous ou-

bliés : que dis-je ! ils sont maudits. La querelle des rois est la seule sacrée ; mais, non, la nation s'est indignée ; les peuples simples de la Bretagne, qui n'ont encore pu chasser de leur mémoire les désastres accumulés sur eux par ces chevaliers de la bonne cause, se soulèvent avec transport, et rejettent loin d'eux les horribles trophées qui devaient illustrer leurs bourreaux ; toutefois aucun écrivain public ne peut élever la voix contre ce projet impie, et la nation est glacée d'effroi à l'aspect des honneurs rendus aux rebelles qui venaient la déchirer.

~~~~~~~~~~~~~~

DIXIÈME FAUTE.

Récompenses promises et données à des assassins
reconnus.

HÉLAS! quel parti dans les événemens
désastreux de notre révolution, n'a pas été
jeté dans les plus horribles excès? quel est
celui qui ne s'est point souillé de crimes?
Voilà les plaies honteuses qu'il fallait cica-
triser; ce sont-là les souvenirs qu'il fallait
envelopper du plus profond oubli; et voilà
seulement ceux que l'on étale au grand
jour, qu'on offre à la nation, comme des
modèles d'héroïsme. Si des crimes hideux
ont été commis dans les intérêts réels, ou
prétendus des Bourbons, ils deviennent à
l'instant des actions mémorables dont on ne
saurait trop glorifier les agens. Ainsi, les
auteurs de cette affreuse machine infernale,
qui, le jour du 3 nivôse, coûta la vie à
tant de citoyens paisibles, sont honorés et
récompensés. La ville de Rennes voit arriver, avec horreur, un homme couvert du

sang de ses concitoyens et de sa propre famille, chargé de distribuer des distinctions
et d'autres récompenses aux complices de
ses forfaits. Georges Cadoudal a déclaré
qu'il était venu en France pour assassiner le
chef du gouvernement alors reconnu; Georges Cadoudal a péri justement du dernier
supplice : aujourd'hui ce crime que n'o-
serait avouer le gouvernement turc, est
proclamé l'ouvrage de la famille des Bourbons; ne pouvant en récompenser l'auteur,
elle anoblit toute sa famille; digne récompense, en effet, qui sépare de la société ceux
qui ne devraient point en faire partie, et
qu'elle même rejetterait avec effroi. Que dis-
je? une femme épouvantable ose se vanter à
la face de l'Europe, d'avoir égorgé de sa
main plusieurs centaines de Français, de
s'être baignée dans le sang de ses plus proches
parens : une souscription est proposée en faveur de cet être hideux ; des femmes de la
cour osent, sous sa dictée, retracer le tableau révoltant de tous ses crimes; et les
journaux retentissent de ses louanges et du
bruit des honneurs que lui ont rendus nos
princes. Princes, voilà donc le secret de

votre morale ! du moins, il fallait le ca-
cher.

∿∿∿∿∿∿∿

ONZIÈME FAUTE.

Provocations contre les possesseurs des biens dits
nationaux ; discours du comté Ferrand.

LA charte constitutionnelle déclare *invio-
lables* toutes les propriétés, sans aucune
exception de celles qu'on nomme *nationales ;* et, toutefois, des écrits incendiaires
sont publiés sous l'autorisation de la censure contre les possesseurs de la *vigne de
Naboth ;* et un ministre d'état ose, dans un
discours prononcé au nom du roi, à la
chambre des députés, attaquer dix millions
de citoyens dans ce qu'ils ont de plus cher,
dans leur honneur. L'horrible injustice dont
les seuls fidèles serviteurs sont les victimes,
ne doit, ne peut, dit-il, être éternelle. Eh
quoi ! le malheur dont il se plaint est-il le
seul dont nous ayons souffert ? qui réparera
donc l'injustice qui priva tant de généreuses
familles d'un chef qu'elles n'ont pu retrou-
ver ? qui pourrait rendre à chaque citoyen

la fortune dont la banqueroute de l'état, les assignats, le maximum, les malheurs de la guerre l'ont privé? les maux qu'ils ont endurés, tous ces Français fidèles au pays qui les vit naître, ne sont-ils rien près de ceux auxquels les émigrés se sont exposés en fuyant leur patrie, pour s'armer contre elle? La nation, qui veut la paix et désire le maintien de la charte, attend avec inquiétude quel traitement recevra du roi, le ministre qui porte ainsi le trouble dans le cœur de l'état; quelle est sa surprise, son mécontentement! ce ministre est comblé de nouvelles faveurs. Si quelque membre courageux de la représentation nationale ose se récrier contre l'inconvenance d'un tel discours, ce député est bafoué dans les journaux ministériels, et les autres sont contraints de garder le silence. Ainsi, toujours la cause du roi est séparée de celle de la nation; le roi ne reconnaît de serviteurs fidèles que les émigrés : qu'ils lui prêtent donc leur appui, maintenant que la nation paraît prête à l'abandonner. Cependant les anciens possesseurs des propriétés saisies et vendues par la nation, forts de l'appui des ministres et de l'esprit que manifeste le gouvernement, provoquent , dans tous les coins de la France, les nouveaux propriétaires : un grand nombre d'entr'eux refusent, avec hauteur, les propositions d'accommodement ; ils énoncent clairement la prétention d'une restitution entière ; et , dès lors , la guerre est allumée entre le gouvernement et le peuple. Cette guerre est encore attisée par les prédications fanatiques des prêtres, dont quelques-uns ont poussé l'impudeur jusqu'à déclarer dans leurs prônes, qu'ils refuseraient l'absolution à tous ceux qui ne restitueraient pas les biens nationaux.

48

DOUZIÈME FAUTE.

Arrière-pensées manifestées de toutes les manières.
Système constant de diffamation.

Les acquéreurs de biens nationaux ne
sont point les seuls qui doivent être inquiets
de la marche que suit le gouvernement.
L'article 11 de la charte porte que *toutes
recherches des opinions et votes émis jusqu'à la restauration sont interdites :* que *le
même oubli est commandé aux tribunaux
et aux citoyens.* Mais le gouvernement, dont
tous les journaux sont soumis à la censure,
permet qu'ils soient chaque jour remplis
d'invectives dégoûtantes ou atroces contre
tous les hommes qui ont pris quelque part
à la révolution ; leur vie publique, au mépris des plus saintes promesses, est rédigée
et mise au jour sous les auspices du roi.
L'assemblée de la convention, à qui l'on
dut au moins une fois le salut de la patrie,
n'est jamais indiquée autrement que sous le
nom *d'assemblée de cannibales.* Tous les

membres en sont nominativement désignés
à la haine et au mépris général. Les souvenirs de l'ancien régime sont sans cesse évoqués, et c'est toujours à cet ancien régime
qu'on en appelle quand on sollicite la réforme de quelqu'usage nouveau. Les discours
des princes servent ici de modèles. On remarque que Monsieur, frère du roi, affecte dans ses
voyages de ne point prononcer le mot de
constitution : *Il faut attendre*, dit-il imprudemment aux émigrés du midi, *avec le
temps nous pourrons vous rendre une justice plus complète*. A Besançon, on outrage
en son nom un archevêque, respectable autant par ses qualités personnelles que par le
caractère dont il est revêtu. Des bruits funestes de vengeances politiques circulent,
et augmentent l'inquiétude. Une légion
royale, consacrée, dit-on, à ces vengeances, s'organise, et le gouvernement ne paraît s'en apercevoir que lorsque ce complot
lui est officiellement dénoncé. L'obscurité qui
enveloppe de tels projets en augmente nécessairement la crainte, et les personnes les
plus mesurées ne peuvent, dans les jugemens qu'elles en portent, discerner ce qui

appartient au zèle fanatique des royalistes,
de ce qui provient du caractère des princes, et que la modération que l'on accorde
généralement au roi ne saurait empêcher.

~~~~~~~~~~~~~

TREIZIÈME FAUTE.

Ancienne noblesse seule pourvue des ambassades.

L'EUROPE a dû voir tout d'un coup avec
étonnement, qu'au milieu des hommes
d'état que la révolution avait formés en
France, aucun n'était choisi par le roi pour
une ambassade, et que la nation se trouvait
représentée dans toutes les cours étrangères par des hommes qui depuis vingt-cinq
ans ne la connaissaient plus. C'est ici le
cas de montrer de nouveau combien les
priviléges accordés exclusivement à une
classe de la société, doivent paraître odieux
à toutes les autres.

Une ordonnance du roi porte qu'il sera
formé une école militaire, d'après les rè-
glemens de 1750, pour l'éducation *de notre
jeune noblesse*, dit le préambule. En même

temps des souscriptions sont ouvertes pour des fondations à l'avantage exclusif de tel ou tel ordre : et la majorité de la nation, qui avait perdu le souvenir de ces distinctions, s'indigne de se voir classée en privilégiés, et en hommes serviles.

QUATORZIÈME FAUTE.

Outrages faits à l'armée.

CROIRAIT-ON qu'après vingt ans de guerre, lorsque l'esprit militaire est porté en France au plus haut point, et que les guerriers sont très-nombreux, un gouvernement nouveau pût être assez inconsidéré pour abreuver d'outrages cette partie puissante de la nation ? C'est ce qu'ont fait les Bourbons, ou du moins ce qui s'est fait en leur nom. L'âge, l'ancienneté de service, les honorables cicatrices, les besoins actuels, et enfin les promesses du roi consacrées par la charte, tout est mis en oubli. Une quantité prodigieuse d'officiers sans moyens d'existence sont renvoyés du service et mis à la demi-solde,

tandis qu'on forme des corps entiers d'officiers, de jeunes gens à peine échappés du
collége. Ces jeunes gens, commandés par
des vieillards hors d'état de supporter les
fatigues militaires, sont institués pour rem-
placer cette terrible garde impériale, qui
toujours dans les batailles décida la victoire.
Cet affront était gratuit, les Bourbons en
sont cruellement punis par l'abandon des
troupes, qui courent toutes se ranger sous
les drapeaux de celui qui les commandait en
personne.

Mais ce n'était point encore assez de rem-
placer nos vieux soldats par des jeunes
gens sans expérience du métier des armes :
dans une nation si éminemment guer-
rière, la cour, qui veut renouveler tous
les anciens usages, croit devoir se créer une
garde suisse : comme si nous en étions ré-
duits à acheter des soldats à l'Helvétie ; ou
que l'on se défiât de la fidélité des Français.
Assurément si les troupes aujourd'hui sont
infidèles au roi, c'est qu'elles ont été pour
la plupart cruellement humiliées ; c'est que
les deux princes de la famille des Bourbons,
peu instruits du caractère français, ont cru

pouvoir traiter nos soldats avec la brutalité
anglaise ou allemande. Ces régimens suisses
d'ailleurs ne sont-ils pas formés de soldats
qui ont servi sous Napoléon? Leurs senti-
mens ne seront-ils pas les mêmes que ceux
de ses autres compagnons d'armes? Quand
une défection est si générale, elle doit avoir
des motifs bien graves.

QUINZIÈME FAUTE.

Abandon des serviteurs de la patrie devenus étrangers.

Le traité de paix enlevait à la France plusieurs provinces qui depuis long-temps fai-
saient partie de son territoire. Les habitans
de ces provinces avaient concouru à l'avantage de la grande patrie : elles avaient toutes
du moins produit des soldats, dont un grand
nombre étaient mutilés ou hors d'état de
pourvoir à leur existence : cependant nulle
stipulation n'assure leur sort. En rendant
les formalités des lettres de naturalisation
très-difficiles, le gouvernement a pareille-
ment repoussé tous ceux qui avaient quel-

54

qu'intérêt à demeurer Français, dans le nombre de quatre ou cinq millions d'hommes auxquels il a renoncé. La Savoie, par exemple, avait donné à la France un grand nombre d'officiers, sept ou huit généraux de division, des pairs recommandables, des membres illustres de l'institut, et, malgré ces services, tous ces vieux serviteurs sont oubliés, plus de mille soldats, mutilés dans nos guerres, languissent sans pain dans leurs montagnes, livrés au mépris d'un prêtre ultramontain ou d'un soldat sarde. Le même état de choses existe pour la Belgique, et cette injustice doit exciter l'indignation contre le gouvernement capable d'abandonner ainsi ses anciens défenseurs.

~~~~~~~~~~~~~~

SEIZIÈME FAUTE.

Ordonnance sur la cour de cassation.

L'ARTICLE 59 de la charte porte *que les cours et tribunaux actuellement existant sont maintenus. Il n'y sera rien changé qu'en vertu d'une loi.*

Le roi présente à la chambre des députés le projet d'une loi d'organisation pour la cour de cassation : la chambre ne croit pas devoir adopter ce projet dans son entier, et demande qu'il y soit apporté quelques modifications. Pour toute réponse, le roi ajourne la session de la chambre; et par sa seule volonté, alors bien évidemment en contradiction avec la charte, réorganise ce premier tribunal du royaume, réduit le nombre des membres et en expulse plusieurs.

Cet acte d'autorité si formellement en contradiction avec l'article 59 de la charte, et avec celui qui déclare que les opinions et votes émis jusqu'à la restauration doivent être mis en oubli, a dû faire des ennemis au

gouvernement dans les premiers corps de
l'état; et démontrer à tous qu'il n'est rien
que l'on ne soit disposé à obtenir par la vio-
lence, lorsque les autres moyens seront in-
suffisans.

DIX-SEPTIÈME FAUTE.

Expulsion de plusieurs membres de l'Institut.

UN outrage pareil est adressé au premier
corps scientifique de l'état, à l'Institut, société qui n'eut jamais aucun caractère politique et dont tout le monde civilisé a dû
ressentir l'injure. Les coups ici portent tous
sur des hommes d'un mérite éminent, et
n'ont pour motif qu'une vengeance impla-
cable.

~~~~~~~~~~

DIX-HUITIÈME FAUTE.

Impositions ou droits perçus sur de simples
ordonnances.

« Aucun impôt ne peut être établi ni
» perçu s'il n'a été consenti par les deux
» chambres et sanctionné par le roi ». (*Charte
constitutionnelle*, art. 48.)

Des droits néanmoins sont perçus par
M. le chancelier en vertu de simples ordonnances : tels sont ceux que payent les
juges pour les *provisions* de leurs charges ;
ceux que l'on fait payer pour des lettres de
naturalisation ; la taxe sur les journaux, etc.
Cette usurpation du pouvoir législatif peut
être un abus introduit dans des vues d'intérêt personnel ; mais elle témoigne haute-
ment le mépris que l'on porte aux principes
qui composent le droit public en France.

DIX-NEUVIÈME FAUTE.

Gouvernement des prêtres, Université, Ministères.

I<small>L</small> n'est pas de joug que les Français supportent aujourd'hui plus impatiemment que celui des prêtres : les Bourbons néanmoins se sont empressés de l'imposer à la nation. Deux ministères, la chancellerie de la Légion d'honneur, sont occupés par des prêtres; le chef suprême de l'instruction publique est un évêque, et parmi les principaux officiers de ce corps on trouve un grand nombre d'ecclésiastiques, étrangers par leur état aux devoirs de pères de famille, et sur lesquels en général on doit peu compter pour des principes d'éducation libérale. La crainte de tomber sous le joug détesté des prêtres a été augmentée par des actes de pouvoir tout-à-fait en opposition avec les mœurs actuelles; tels que l'interdiction des bals publics durant le carême; et surtout la première ordonnance de police relative à l'observation des fêtes et dimanches, or-

donnance qui pouvait motiver un acte d'ac-
cusation contre le ministre auquel on prétend
qu'elle avait été arrachée. La scène scanda-
leuse qui s'est passée à l'église de Saint-Roch,
en apprenant au peuple à quels excès le rigo-
risme religieux osait déjà se porter, a dû
montrer aux membres du gouvernement
combien peu ils avaient consulté l'esprit
public, et les risques qu'ils pouvaient courir
à le choquer ouvertement.

~~~~~~~~~~~~~

Mais je me fatigue à l'examen des fautes
graves commises par les Bourbons, dans la
première année d'un règne que toutes leurs
démarches tendent à troubler; et combien
cependant il m'en reste d'autres à noter!
N'aurais-je pas encore à faire mention des
efforts continuels de la cour pour avilir la
Légion d'honneur, en la prodiguant sans
mesure et peut-être avec un discernement cal-
culé; du soin puéril, mais insultant, que
l'on prend d'exiger que la décoration en soit
placée après la croix de Saint-Louis, institution purement royale, abolie par Louis
XVI, et tout d'un coup renouvelée par

Louis XVIII ? De la réduction à moitié de la pension modique qui s'y trouvait attachée, dernier morceau de pain pour tant de braves, dont le paiement n'a pas même été effectué.

Pourrais-je ne pas parler de la destitution et du remplacement de tous les fonctionnaires publics, lorsqu'un article positif de la charte garantit la conservation de leurs places ?

Il me faudrait rappeler ces messes expiatoires où l'on paraît moins regretter les victimes d'un parti, que provoquer à la vengeance contre l'autre.

Je ne devrais pas non plus omettre de dire que l'obstination avec laquelle le roi ou ses ministres ont insisté sur la continuation de la traite des nègres, a prouvé à une grande partie de la nation combien ils étaient encore loin des lumières de leur siècle, qui ne peut autoriser par aucun motif d'intérêt pécuniaire le principe de cet abominable trafic ; comme le choix de leurs émissaires à Saint-Domingue a fait voir qu'ils manquaient à la fois de prudence et de tact.

~~~~~~~~~~~~~

En faisant la récapitulation de tant de
fautes grossières, dont quelques-unes sont
de nature à faire perdre aux Bourbons l'affec-
tion ou la confiance de la majorité de la nation, et qui toutes doivent leur attirer en pure
perte un grand nombre d'ennemis, on en
vient à penser que l'homme puissant qui se
présente sur notre territoire avec sa grande
renommée, va devenir de nouveau le point
de ralliement général. La France a beau-
coup souffert par lui ; mais le souvenir de ses
grandes qualités impose, et l'on peut croire
qu'instruit par le passé, il sentira que ses intérêts doivent être confondus avec ceux de la
nation. Il est à présumer néanmoins que la
confiance qu'il pourrait inspirer ne sera pas
suffisante pour exciter le peuple à quelque soulèvement spontané en sa faveur; mais si,
comme tout porte à le supposer, malgré les
impostures évidentes dont tous nos journaux sont remplis (1), les militaires se joi-

(1) Les journaux soumis à la censure n'ont point
abandonné le système de mensonge et de tromperie

gnent à lui, la nation entière n'opposera point de résistance.

Mais parmi les causes qui peuvent favoriser le rétablissement de Bonaparte, je ne dois pas oublier celles qui naissent de la conduite du congrès, de celle du pape et des autres souverains de l'Europe, comme des relations politiques des Bourbons avec les diverses puissances.

---

auquel ils nous avaient accoutumés : hier encore ils s'accordaient à dire que Bonaparte, abandonné par toutes les troupes qui d'abord s'étaient jointes à lui, traînait à peine deux mille hommes à sa suite : on nous parlait d'un camp à Melun, d'un autre à Compiègne, d'un troisième à Montargis; et cependant Bonaparte est entré ce soir même aux Tuileries sans la moindre opposition; et cette race antique, si puissante, si inébranlable, a subitement disparu, comme des rois de théâtre, qui vont poser des habits pour lesquels ils ne sont pas faits. *O mensonge! O vanité!*

(*Note écrite le 20 mars au soir*).

~~~~~~~~~~~

Examen de la conduite des Souverains au congrès.

Le congrès de Vienne, où toutes les puissances devaient porter les vues les plus libérales, n'a été qu'un horrible marché d'hommes, où les peuples se sont vu traiter comme de vils troupeaux. La magnanimité d'Alexandre n'a pu tenir contre la perspective d'agrandir ses états de toute la Pologne, qui lui donne, sur les affaires de l'Allemagne, une influence immense. Cinq ou six cent mille hommes prêts à mourir au premier ordre lui ont paru la raison suffisante de faire valoir ces prétentions. La Suède a trouvé également convenable de se dédommager par l'usurpation de la Norwège, de la perte de la Finlande, qui grandit encore le géant du nord. La Prusse, si long-temps humiliée, ne semblait pas pouvoir être satisfaite, à moins de l'envahissement total de la Saxe. Quelques difficultés assez graves sans doute ont déterminé Frédéric-Guillaume à se contenter de la moitié de ce royaume. Quant à l'Autriche, c'est particulièrement sur l'Italie qu'elle compte se dédommager de l'agrandissement de ses voisins. L'Angleterre, avec le Hanovre, occupe encore les Pays-Bas, dont elle enrichit, dit-elle, la Hollande; présent dangereux qui deviendra sûrement avant peu le motif d'une guerre nationale pour la France.

En examinant maintenant la conduite des Bourbons au congrès, on les voit reprendre leur ancienne politique de famille, à laquelle l'état actuel de l'Europe devait les porter à substituer une politique nationale : ils semblent tout à coup avoir oublié le traité de Fontainebleau, qui les a replacés sur le trône de France ; et au lieu d'insister sur la restitution de la Belgique, qui les eût relevés dans l'opinion des Français, ils veulent avant tout que les princes de leur famille soient remis en possession des états qu'ils gouvernaient avant la révolution. Ils exigent que le roi Joachim soit expulsé de Naples, et que la reine d'Étrurie soit mise en possession des états de Parme, Plaisance et Guastalla. C'était contrevenir à deux conditions formelles du traité de Fontaine-

bleau, par lequel les puissances alliées ga=
rantissaient le trône de Naples à Murat, et
donnaient en souveraineté les états de Parme, etc., à l'impératrice Marie - Louise.
Toutes les puissances ont dû être blessées
de ces prétentions ; au moins est-il certain
que l'empereur d'Autriche en a donné de
grandes marques de mécontentement ; sa
fille, en effet, perdait par ces arrangemens
le faible dédommagement qu'elle avait reçu.
D'un autre côté, la maison d'Autriche n'a
point oublié que celle de Bourbon, toujours
son ennemie, lui a enlevé depuis cent cin-
quante ans une partie considérable de sa
puissance (l'Espagne, Naples, Parme, la
Franche-Comté, les Pays-Bas, etc., etc.);
d'où il me semble naturel de conclure que
l'empereur d'Autriche avouera son gendre
s'il réussit dans son entreprise, ou du moins
qu'il ne se joindra pas aux autres puissances
si celles-ci étaient tentées de nous déclarer
la guerre, ce qui est douteux pour toute
autre que l'Angleterre.

En songeant encore à la manière dont les
souverains se sont conduits au congrès, il
me paraît évident qu'ils ne peuvent dégar-

nir de troupes les pays qu'ils ont usurpés :
la Suède évacuerait-elle la Norwège pour
marcher sur Paris? La Russie abandonne-
rait-elle la Finlande et la Pologne, qui
peuvent se soulever pendant que les armées
russes seraient occupées avec la France? la
Prusse peut-elle dégarnir la partie de la Saxe,
dont elle s'est emparée, sans que les
Saxons ne reprennent leur indépendance?
Les Anglais eux-mêmes quitteraient-ils sans
danger la Belgique, qui redemande à devenir française, et dans laquelle leurs armées
pourraient ne rentrer que difficilement?

Toutes ces considérations me portent à
croire que le danger d'une guerre étrangère
n'est pas aussi grand qu'on le suppose, si
Napoléon ressaisit le pouvoir en France. La
seule guerre probable est celle qu'il devra
faire à l'instant même en fondant sur la Belgique pour en chasser les Anglais : guerre
nationale à laquelle tous les Français se por-
teront avec joie, et dont le succès affermira
le pouvoir de Bonaparte. Peut-être même
le gouvernement britannique, hors d'état
aujourd'hui d'entretenir des armées étrangères, n'osera-t-il s'engager avec nous dans

une lutte personnelle ; et la seule force des choses nous remettra-t-elle sans coup férir en possession d'un pays qui ne semble pas devoir pour long-temps être séparé de la France.

On doit encore faire entrer dans ces calculs les résultats de la conduite odieuse ou insensée du pape et des rois d'Espagne et de Sardaigne. Les élémens de trouble qui existent en Italie serviront les desseins de Bonaparte, et une destinée toute nouvelle va s'ouvrir encore pour lui.

CONCLUSION.

Mais les événemens ont marché plus vite
que je n'en ai pu retracer les causes : pendant que j'écris ces lignes, l'homme étonnant
auquel il semblait ne manquer que l'épreuve
du malheur pour qu'il pût réparer ses fautes
et atteindre enfin à toute la hauteur de ses
destinées, s'avance au milieu de nous.
Un bras invisible écarte de lui tous les
dangers : ses anciens compagnons d'armes
n'ont pu méconnaître la voix qui les condui-
sit tant de fois à la victoire ; ils l'élèvent encore sur le bouclier ; lui seul paraît digne
de commander à tous ces héros. Mais ce
n'est plus un conquérant que demande la
France ; replacée dans ses limites naturelles,
la France veut se couvrir d'un peuple libre,
et lui seul est assez fort pour conserver à ce
peuple la liberté. C'est de Bonaparte que la
France doit recevoir tout ce qu'elle espé-
rait, tout ce qu'elle avait conquis en traver-
sant cette orageuse révolution. Une ère

nouvelle commence pour le grand homme ;
ses malheurs lui sont venus d'avoir oublié
la révolution, il vient en consolider les
avantages en s'unissant à la nation, et sa
gloire est assurée aussi-bien que son bonheur, qui ne peut plus à l'avenir être séparé
du nôtre. Bonaparte, j'ose le dire, a méconnu sa puissance, quand il a cru nécessaire
de s'environner de l'appareil des trônes vul-
gaires. Il a terrassé tous les rois de l'Europe quand ils avaient pour auxiliaires
tous leurs peuples armés ; que ne fera-t-il
pas quand il les combattra par la sagesse et
la grandeur des institutions qu'il doit donner au premier peuple du monde ! les rois
alors, abandonnés à leur propre faiblesse,
verront leur cause séparée de celle des peuples, et leurs trônes s'écrouleront en la
présence du grand médiateur de l'espèce
humaine, de cet homme que le sort a
conduit par la main à la tête du peuple le
plus fort et le plus vaillant, le plus avancé
en civilisation comme en instruction, d'un
peuple dont la langue est universellement
répandue, comme les mœurs généralement
goûtées. De tous les partis qui peuvent exis-

ter en France, un seul ne doit lui donner aucun ombrage, si toutefois on peut appeler un parti celui qui réunit l'immense majorité de la nation, je veux dire les Français patriotes, les Français amis de leur pays et amoureux de sa gloire : ceux-là seuls ne présentent point un autre homme qu'ils lui préfèrent. Bonaparte aujourd'hui vient saisir de sa main puissante le faisceau des grandes idées dont sortit la révolution, et tous les cœurs vont être à lui : une fédération nouvelle rapproche de lui ce grand peuple ; un nouveau pacte va les unir ; et tous les maux passés seront oubliés, et toutes les espérances de l'avenir seront promptement réalisées. Jusqu'à ce jour, Bonaparte était le seul aux mains de qui la fortune eût voulu confier les destinées du monde ; mais par quel inconcevable prodige ces destinées lui sont-elles rendues, après qu'il a senti les terribles leçons de l'adversité ? Non, l'espèce humaine ne saurait voir se renouveler un pareil concours d'événemens ; elle doit désespérer de son bonheur, s'il n'est enfin réalisé par cet être extraordinaire. Ah ! que ma voix ne peut-elle arriver jusqu'à lui ! que ne peut-il entendre celle du monde entier, qui lui demande d'être son libérateur! Cette voix puissante étoufferait celle des flatteurs intéressés dont il va sans doute encore se trouver environné; et, goûtant déjà les acclamations universelles de la postérité, il recevrait ainsi, pour le plus grand des bienfaits, la plus grande et la plus haute récompense qui puisse être décernée.

FIN.

IMPRIMERIE DE FAIN, RUE DE RACINE.

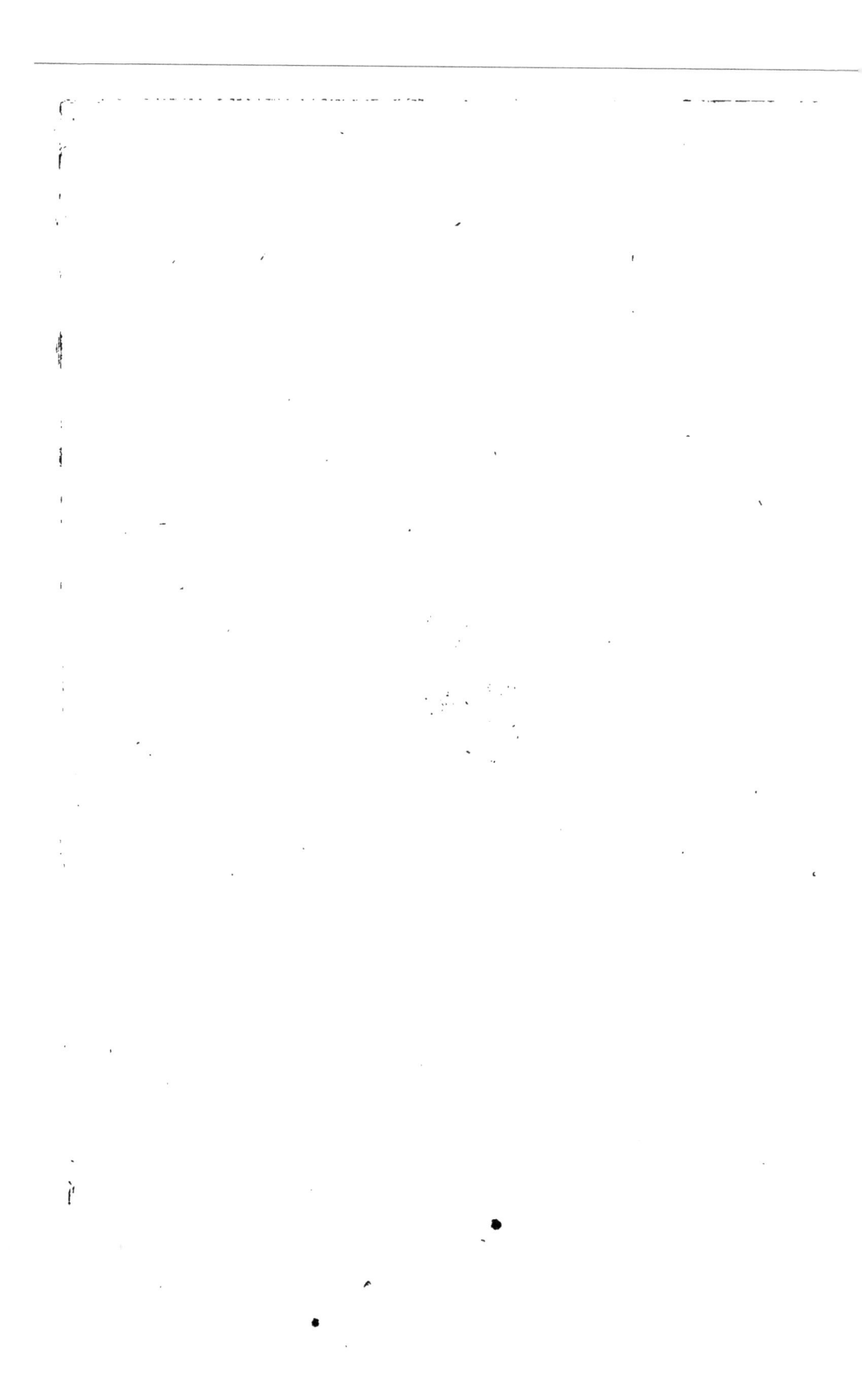

www.ingramcontent.com/pod-product-compliance
Lightning Source LLC
Chambersburg PA
CBHW070929280326
41934CB00009B/1800